Alois Weidacher

Weltbilder im Wandel

und unser spiritueller Kompass

Impressum

Alois Weidacher

Weltbilder im Wandel

und unser spiritueller Kompass

2016

tredition GmbH
Grindelallee 188
20144 Hamburg

ISBN 978-3-7345-0279-8

Weltbilder im Wandel

und unser spiritueller Kompass

Weltbilder im Wandel
und unser spiritueller Kompass

Die anschließend niedergelegten Gedanken sind als persönliche Reflexion über das eigene Leben gedacht. Sie haben keineswegs den Anspruch, lebensphilosophisch, soziologisch oder theologisch zu überzeugen. Sie sind ein Versuch zu reflektieren, wie sich die eigene Sicht auf das Leben und die ‚Selbstfindung' in einer Zeitphase großer gesellschaftlicher, wirtschaftlicher und kultureller Veränderungen entwickelt hat. Kritische Rückmeldungen sind deshalb erwünscht.

1   Persönliche Reflexion

Ein Selbstzeugnis über meinen spirituellen Weg ist objektiv nicht überprüfbar. Ich bin auch nicht immun gegen die Versuchung, den eigenen Weg in einem ‚guten' Licht erscheinen zu lassen. Diese Vorbehalte vorausgeschickt, will ich doch versuchen, zusammenfassend den spirituellen Weg zu skizzieren. Dies zu tun fühle ich mich ein wenig verpflichtet..

Vermutlich bedingt durch die Existenzsituation in der Herkunftsfamilie entwickelte sich in mir eine *autoritätskritische,* wenn nicht gar ablehnende Haltung. Dies hat in der Vorbereitung auf den kirchlichen Dienst und dann in dessen Ausübung dazu geführt, dass ich meinen eigenen Weg gesucht habe und mich nicht wirklich von den Vorgesetzten führen ließ. Es hat auch dazu geführt, dass ich in der kirchlichen Arbeit und insbesondere in der religiösen Kommunikation in der Gemeinde und ‚Jugendarbeit' vorrangig die Nähe der Menschen gesucht habe. Eine religiöse Lehre, Moral und Pflichten zu vermitteln war ‚nicht so mein Ding'. Die Suche nach Sinn, Geborgenheit und dem Miteinander standen im Vordergrund; Mit der Offenbarungslehre (Wort und Auftrag „von oben") und auch mit der hierarchischen Kirchenführung konnte ich nicht wirklich etwas anfangen, zumindest bestimmten sie nicht meine Orientierung.

Diese Haltung führte mich den ‚*Weg von unten'*: das Lebensempfinden und die Lebenswahrnehmung waren notwendig Ausgangspunkt der Kommunikation mit Menschen und für die Erörterung spiritueller Fragen. Dieser Zugang hat sich später im interkulturell-interreligiösen Dialog durch intensivere Beschäftigung mit den Fragen zum Leiden der Menschen und mit den naturwissenschaftlichen Forschungsmethoden und

6

–Ergebnissen nachdrücklich verstärkt. Erlebte ich als Heranwachsender und noch im kirchlichen Dienst das Glaubensleben als ‚Glauben an' eine vorgegebene Botschaft, so erlebte ich es später zunehmend (nur mehr) als das Suchen des Geistes und Herzens nach unbedingter Geborgenheit und dem Weg zum Miteinander in Frieden und Solidarität.

Warum, wann und wie hat sich meine Einstellung zu Kirche und Religion verändert? Auf dem Wege in den kirchlichen Dienst und zur Aufgabe dieses Dienstes gab es mehrere Weichenstellungen:

- Umstände, die mich dazu bewogen haben, in ein theologisches Studium einzusteigen und dies mit besonderem Interesse für die biblischen Botschaften und die urchristlichen Spuren
- Der Weg, den ich innerhalb des theologischen Studiums und im anschließenden Dienst als kath. Priester in sieben Jahren gegangen bin
- Mein schrittweiser Rückzug aus amtlichen Bindungen und mein Entschluss, den kirchlichen Dienst zu verlassen
- Ein langer Weg „in der Wüste" abseits von kirchlich betreuter Glaubenspraxis, beschäftigt mit Familie und existentiellen Belangen
- Die noch andauernde Phase der Reflexion über religiöse und spirituelle Deutung des Daseins

Ich verspüre Verantwortung den Menschen gegenüber, die mich auf diesen Wegen begleitet haben, da doch nichts, was wir tun ohne Wirkung auf die Menschen ist, die uns umgeben. Es geht um eine besondere Verantwortung durch den amtlichen kirchlichen Dienst, den ich eingegangen war und den ich verlassen habe. Es geht dabei um unsere Daseinsdeutung, die den Nerv unseres Lebensgefühls trifft. Ich hoffe, dass in den Ausführungen deutlich wird, dass es nicht einfach um Überzeugungen oder Meinungen geht, sondern um eine innere Haltung, darum, *mit dem Leben im `Lot zu sein`*. Die genannten Lebensschritte möchte ich noch etwas kommentieren:

Ich räume gerne ein, dass ich teils über einen *Automatismus* auf die kirchliche/theologische Schiene gekommen bin. So bin ich sicher auch dem Reiz der Würde kirchlicher Ämter gefolgt, die Ende der 1950iger, Anfang der sechziger Jahre in kirchlichen Kreisen noch zelebriert wurde, d.h. in meinem Alter unter 21 Jahren. Schrittweise haben sich aber andere Sichtweisen zielführend immer deutlicher herausgebildet: nicht die abgehobene Lebensführung kirchlicher Würdenträger mitzumachen, weil sie mir mit der biblischen Botschaft und auf dem Hintergrund des Existenzkampfes im Elternhaus unvereinbar schien.

8

Im Rahmen des theologischen Studiums habe ich mich mit besonderem Interesse mit biblischer Exegese und den frühchristlichen Schriften befasst.

Später, im kirchlichen Dienst habe ich mich zunehmend von gottesdienstlichem Engagement entfernt. In diesem Rahmen sah ich kaum Möglichkeiten für einen Austausch religiös-spiritueller Erfahrungen. Ich suchte den Kontakt zu den Jugendlichen und zu ihren Eltern in der Gemeinde und außerhalb ihrer Veranstaltungen. Den priesterlichen Dienst erlebte ich dagegen als Einsatz für das „kirchliche System" mittels Verkündigung (Religionsunterricht, Predigten und andere religiöse Anleitungen), Sakramenten-spendung (bs. Messfeier, Taufe, Erstkommunion, Beichte, Hochzeit, Beerdigung) und anderen religiösen und kulturellen Aktivitäten in der Gemeinde. Dabei wurde mir erdrückend deutlich, wie „christlich leben" unmittelbar an der Beteiligung in diesen Aktivitäten gemessen wurde. Wir waren demnach mit „den Kleidern" beschäftigt, nicht mit den Feuern unserer religiös-spirituellen Erfahrungen. Es ging darum, wie man das, *was „von oben" ankommt,* annahm, wie ich insbesondere Jugendliche in der Gemeinde für die Aktivitäten (Gottesdienste und kirchliche Gruppenarbeit) begeistern konnte und nicht darum, wie Menschen ihr Leben, ihre Sinnsuche und ihr Miteinander erleben.

Mit diesem *Dilemma* habe ich viele Jahre innerlich gekämpft. Meine inzwischen gewachsene soziologische Sicht bestärkte mich darin, zwischen den Fragen der Menschen und ihrem Suchen nach einem transzendenten Sein, zwischen ihrem eigenen Kompass und dem kulturellen religiösen Bau (,Religion' mit Lehren, religiösen Geboten und Verpflichtungen, Autoritäten) zu unterscheiden. Dies konnte nicht bedeuten, religiöse Organisationen abzulehnen, sondern sie als soziale Produkte zu erkennen, die sich geschichtlich kulturell je unterschiedlich herausgebildet haben. So wie ich sie wahrnahm, verhinderten sie in weiten Teilen eine individuell aktive, authentische spirituelle Orientierung und einen Erfahrungs-austausch auf einem gemeinsamen Weg. Ich erlebte den kirchlichen Dienst zunehmend in einem Spannungsfeld, das ich immer weniger ehrlich mittragen konnte:

Die Aufmerksamkeit der Gemeinde galt der Unterweisung in der Glaubensbotschaft und der Teilnahme am rituellen Leben (Andachten, Gottesdienste, Sakramente). Ich erlebte dabei, dass dieses Leben nicht nur als spirituelle Anregung wahrgenommen wurde, sondern als religiöse Pflicht, die Gott verlangte und mit der man sich auch für ein Leben nach dem Tod vorbereitete. So drücken es auch viele Gebetstexte aus. Zum einen erlebte ich, dass es bei Erstkommunion, Firmung,

Trauungen und Beerdigungen die Bedürfnisse im Vordergrund standen, Lebensabschnitte feierlich zu markieren. Zum anderen empfand ich – und dies war entscheidender -, dass von den zentralen Vorgängen der Taufe und Eucharistiefeier kein wirklich lebensverändernder Impuls ausging.

Die Aufmerksamkeit der Gemeinde galt nicht den Lebens- und Glaubenserfahrungen ihrer Mitglieder; den Erfahrungen, die sie mit der christlichen Botschaft in ihrem Alltag machten.

Kirchliches Gemeindeleben knüpft ganz wesentlich an den sozialen Interessen und Bedürfnissen an: neben der karitativen, pflegenden und erziehenden Arbeit war für das Gemeindeleben die Pflege von Geselligkeit in Verbänden und anderen kirchlichen Organisationen lebenswichtig.

Das religiöse Leben vollzieht sich so in der Hauptsache in der Verbindung von rituellen Aktivitäten (Gottesdienste etc.) und Gemeinschaftsleben. Ich erlebte es allerdings in hohem Maße als eine Beschäftigung der Gemeinde mit sich selbst. Eucharistie wird gefeiert, nicht als das erlebt, was das neue Lebensfundament ausmacht. Einerseits erwartete ich aus der Berührung mit der Jesusbotschaft leben-verändernde Impulse zur Befreiung von Fremdbestimmung (s. unten: Abschnitt 9 -11), andererseits konnte ich nicht akzeptieren, wie die Kirchenführung sich in verschiedenen Bereichen zu moralischen Urteilen ermächtigte. Hierin liegt nach eigener Wahrnehmung der Ausgangspunkt für den dann erfolgten Rückzug aus dem kirchlichen Dienst.

Meine Erfahrungen im Engagement zu interkulturell-interreligiösem Dialog über drei Jahre vor Ort hat diese Wahrnehmung bestätigt. Gespräche waren ein Austausch von Meinungen zu Themen oder zu Fragen der Interpretation von religiösen Textstellen. Bei gegenseitigen Begegnungen zwischen Buddhisten, Christen und Muslimen jeweils vor Ort informierten wir uns über kulturelle, rituelle und organisatorische Unterschiede. Fragen nach Erfahrungen mit der eigenen spirituellen Orientierung und Einstellung konnten nicht offen ausgetauscht werden.

Ich sah mich nicht mehr wirklich zu Hause in der kultischen Gemeinde, stärker konfrontiert mit einer säkularisierten Weltsicht. Ein offener Austausch über spirituelle Erfahrungen und Überzeugungen, eine offene kritische spirituelle Suche war innerhalb der Glaubensgemeinde nicht gefragt. Hier wurde noch überwiegend religiöse Unterweisung in traditioneller Form angeboten. Ich erlebt dagegen immer drängender die Notwendigkeit, allen Lebensfragen aus naturwissenschaftlicher Sicht zu begegnen, offen zu sein gegenüber naturwissenschaftlichen

Erkenntnissen zur kosmischen und biologischen Evolution, dem Aufbau, der Funktionsweise und Entwicklung der Dinge und des Lebens und der Entwicklung des Bewusstseins. Es bedeutete in der Konsequenz, mich mit den persönlichen spirituellen Einstellungen neu zu positionieren.

2 Standortsuche

Auch die folgenden Ausführungen sollen eine Selbstorientierung wiederspiegeln. Sie sollten schildern, zu welchen spirituellen Sichtweisen die erlebten Herausforderungen im Lebensweg führten. Eine persönliche Sicht der Welt zu gewinnen, zu entdecken, woraus wir uns selbst definieren und wahrzunehmen, wohin wir selbst unterwegs sind, gehört zum Kern unserer Persönlichkeit. Die persönliche Standortfindung, das persönliche „im Lot sein" geschieht nicht einmalig für das Leben, wir suchen es *ständig neu* indem wir Veränderungen um uns herum wahrnehmen und uns selbst weiterentwickeln. Wir sind durch unsere Herkunft genetisch unterschiedlich dafür ausgestattet, erhalten unterschiedliche erzieherische Impulse und durchlaufen unsere je eigenen persönlichen Erfahrungen.

Die Koordinaten, die unsere Orientierung und Lebenssicht steuern, kommen von Innen und von Außen. Von Innen, soweit wir mit unseren Vorstellungen und Einstellungen ausgestattet sind; von Außen, soweit die Rahmenbedingungen uns Möglichkeiten bieten oder verschließen. J. Honerkamp[1] folgt den Überlegungen des großen

---

[1] Honerkamp, J., 2013: Was können wir wissen? Mit Physik bis zur Grenze verlässlicher Erkenntnis. Berlin Heidelberg, S. 68

Physikers W. Heisenberg indem er feststellt, dass jeder Mensch in der Frage „nach dem richtigen Leben und Zusammenleben der Menschen" ….„früher oder später gewisse Einstellungen zur ,Grundlage des Lebens' machen muss, um in etwaigen Lebenssituationen auch zu Entscheidungen fähig zu sein". Dabei kann religiöser Glaube für Menschen zur Grundlage ihrer Weltanschauung und ihrem Sinn des Lebens werden.

Religion spielt heute in westlichen demokratischen Gesellschaften in einem hoch veränderten Kontext. Dabei spielen nicht nur die veränderten Rahmenbedingungen von Wohlfahrt, Meinungsfreiheit, verfügbare Informationen, die Lockerung von Bindungen (Partnerschaft, Familie) etc. eine große Rolle. Die naturwissenschaftlichen Kenntnisse über die kosmische und biologische Entwicklung und hier ganz besonders die neurobiologischen Befunde haben Auswirkungen auf das Gottes- und Menschenbild, das die Religionen bisher vermittelt haben. Heute werden religiöse Vorgänge auf ihrer neurologischen Basis im menschlichen Gehirn wissenschaftlich untersucht. Es wird versucht, die Entstehung geistiger Aktivität auf dieser Basis als eine späte Frucht der Entwicklung zu erklären, als ,emergente' Phänomene oder Eigenschaften des komplexen Gehirns. Diese Erklärungen kommen

16

ohne die Annahme einer unsterblichen Seele aus. So bilanziert J. Honerkamp in einer Analyse zu einem Beitrag von P. Becker über naturwissenschaftliches Denken und Gottesglauben: „Wenn der Mensch keinen Geist besitzt, ‚der sich außerhalb der Naturdeterminanten stellen kann' gibt es nur noch kausale Zusammenhänge in unserem Leben, unseren Wünschen und Gefühlen, also auch keine Bedeutung, keinen Sinn und keine Zukunftsgerichtetheit, die übernatürlich gegeben wird"[2]

Die Erkenntnisse der biologischen und menschlichen Evolution enthalten Fragen nach dem Woher der geistigen Fähigkeiten, Fragen nach dem Zeitpunkt der Ausbildung dieser geistigen Fähigkeiten in der Entwicklung. Ab wann in der Evolution gilt ein so entwickeltes Wesen als ‚Mensch', besitzt er einen Geist, der außerhalb der Kette von Ursache und Wirkung aktiv sein kann? Die Forschung kann feststellen, welche neurobiologischen Anlagen und Aktivitäten mit welchen geistigen Reaktionen zusammenhängen. Sie stellt fest, dass geistige Aktivitäten aus dem Zusammenspiel komplexer neuronaler Prozesse hervorgehen. Sie kann damit noch nicht den Übergang in die Bewusstseinstätigkeit erklären und was es im persönlichen Erleben bedeutet.

---

[2] Ebenda, S. 327

Bis vor kurzem und weithin noch immer herrschen religiöse Annahmen von einer Eigenständigkeit der geistigen Potenz des Menschen (kein ‚neurobiologisches Produkt') und von der der Seele. J. Honerkamp erläutert die Position der katholischen Kirche in diesen Fragen an Hand des kirchlichen Lehrbuches (Katechismus 1995): zum einen schaffe Gott die Dinge so, dass sie die eigene Entwicklung mit bewirken und zum anderen trägt und leitet Gott die Entwicklung[3]

Die Physik aber auch buddhistisches Denken lehren uns, dass die Wirklichkeit an sich und das, wie sie der Mensch in seiner Wahrnehmung benennt und wie wir darüber kommunizieren zweierlei sind; dass das von uns Wahrgenommene eine relative Wahrheit ist.
Wir sind im religiösen Bereich dabei uns bewusster zu werden, dass wir von ‚Gott' nichts wissen können. Wir können über ‚Gott' nicht anders denken und reden als in unseren menschlichen Vorstellungen und Bildern. Wir gehen von uns Menschen als den am weitesten entwickelten Wesen aus und haben sie als Personen definiert. Heute ziehen es nicht wenige Menschen vor, von ‚Gott' als einem uns nicht begreifbaren Prinzip zu denken, so vermeiden sie von ‚Gott' zu denken und zu sprechen, wie von einem irdischen Herrscher. In

---

[3] Ebenda, S.314

den rituellen Texten der Religionen wendet man sich an ‚Gott' dankend, bittend, verehrend in menschlichen Bildern; man bittet um Schutz, Gnade, Verzeihung, Vergebung, will seine Forderungen erfüllen. Dabei wird man unterscheiden, ob wir über ‚Gott' als absolut transzendentes Wesen notgedrungen mit unseren Bildern von ‚Person' sprechen oder ob wir ihm Eigenschaften und Verhaltensweisen unterstellen, die wir aus dem Umgang zwischen uns Menschen entnehmen.

Wir müssten folgerichtig geistige Fähigkeiten, Bewusstsein und religiöse Motivation als Entwicklungsprodukte, ‚von unten' denken.
Der Mensch kann sich selbst reflektieren. Aber er kann das Sein der Dinge nicht von außen, sondern als Teil des Kosmos nur aus der Innenperspektive erforschen. Wir sind fähig, Gesetzmäßigkeiten der Welt zu erkennen und zu nutzen. Unser Geist ist fähig, Impulse über die neurologischen Sinne zu vernetzen und zu übersetzen. Wir reflektieren unsere Erfahrungen, suchen Zusammenhänge und deuten ihren Sinn. Werden wir so ‚die Wirklichkeit hinter den Dingen', die letztendliche Natur der Welt erklären können? Auch wenn wir dabei an Grenzen stoßen, so können wir daraus nicht folgern, dass es eine transzendente Macht geben müsse.

Die naturwissenschaftliche objektivierende Forschung entwickelt sich, modifiziert, differenziert und ergänzt ihre Ergebnisse. Die geistigen Anstrengungen auf der Suche nach dem richtigen Leben und Zusammenleben[4] begegnen bei aller möglichen Offenheit für unterschiedliche Betrachtungsweisen auch dem Problem, den Einfluss der eigenen Einstellungen dabei zu kontrollieren.

Ein Leben lang, und nicht nur in unserer jugendlichen Entwicklungsphase, stellt sich uns die Frage, wer wir sind, wo wir stehen und wie wir unsere Lage in einem größeren Ganzen einordnen. Wir haben eine bestimmte physische und psychische Ausstattung erhalten, ein Persönlichkeitsprofil durch Erziehung, Bildung und unseren Lebenskontext. Wir erleben Zugehörigkeits- sowie Rollenchancen und Hindernisse[5] Wir verorten uns im engeren und weiteren sozialen Zusammenhang, ethnisch, politisch, religiös und in Bezug auf gesamtgesellschaftliche Zukunftschancen und – bedrohungen. Wir beschreiben die Situationen mit den in unserer Erfahrungswelt gewachsenen Vorstellungen.

Um in unserer Sinngebung offen zu bleiben, müssen wir uns bewusst sein, an welchen „Ankern"

---

[4] Ebenda, S. 68
[5] A. Adler, 2013: Der Sinn des Lebens, Berlin

von Vorstellungen unsere Sinngebung hängt. Damit fragen wir uns auch, welche Überzeugungen und Verhaltensweisen wir unreflektiert mit vollziehen, welche Fragen in uns arbeiten oder schlummern, ohne dass wir auf sie eingehen und wie abhängig oder selbstbestimmt wir unser Leben vollziehen.

3 Lebensbedingungen und Weltbilder im Wandel

Naturwissenschaftliche, insbesondere neurobiologische Erkenntnisse haben unser Lebens- und Weltverständnis verändert. Darüber hinaus wurde auf der *gesellschaftspolitischen* Ebene in demokratischen Gesellschaften ein soziales Regelwerk geschaffen, das Werte enthält, die zwar mit spirituell-religiöser Orientierung kooperieren, jedoch auf der Grundlage demokratischer Prinzipien eigenständig operieren. Demokratischen Prinzipien (unterschiedlich umfassend, differenziert und verbindlich), in denen die Rechte der Person insgesamt und speziell von Minderheiten und Benachteiligten geschützt werden, die ein gerechtes, gewaltloses und solidarisches Verhalten zum Ziel haben, werden als säkularisierte Werte politisch verpflichtend übernommen. Die Religionen (speziell das Christentum) ihrerseits reklamieren sie als ursprünglichen Kern ihrer Botschaft und hiervon ausgehender Impulse (Scholl, S. 87 ff).

Auf diesem Hintergrund stellt sich die Frage neu, was denn darüber hinaus der *religiös-spirituelle Beitra*g leistet: ist es die spezifische religiös-kulturelle Lebensbegleitung und der Anspruch, unser Leben vom „Jenseits" her, aus dem transzendenten Sein zu interpretieren? Welches spezifische Element zur Lebensgestaltung bringt die christliche Botschaft von Kreuz und Auferstehung ein?

Ob wir geboren werden oder sterben, beides ist nicht persönlich verfügbar. Es gibt dazwischen eine Zeitphase, in der wir das Leben selbst in die Hand zu nehmen beginnen bis dahin, wo wir das Lebensruder abgeben müssen oder es nicht mehr selbst führen können.

Wir entwickeln unterschiedlich stark genetisch oder kulturell vermittelt Bedürfnisse nach Sicherheit, Macht, materiellen Ressourcen, Einflussnahme, Zuwendung usw. Ebenso entwickeln wir unterschiedlich stark unser Denken und Handeln im offenen, selbstbestimmten Suchprozess oder in Anpassung an uns vereinnehmende Zugehörigkeiten zu ethnischen, parteilichen oder anderen ideologischen Positionen, religiösen Heilslehren, kulturellen Milieus und Meinungstrends.

Unterschiedlich entwickelt sich auch unser grundlegender Zugang zum Leben: sei es, dass wir uns auf das physisch Wahrnehmbare beschränken oder dass wir gleichsam durch das Physische hindurch das gesamte und persönliche Daseins wahrzunehmen versuchen. Von diesem unterschiedlichen Zugang hängt es ab, auf welcher Ebene wir Antworten auf unsere Fragen nach

Sicherheit, Zuwendung, Leidensbewältigung erhalten.

Die Veränderungen der letzten Jahrzehnte wurden von den Menschen in den westlichen demokratischen Gesellschaften trotz vieler Gemeinsamkeiten in den Lebensbedingungen unterschiedlich erlebt: Unterschiedlich nach ihrem Weg in diese Gesellschaft, unterschiedlich nach genetisch und kulturell vermitteltem Rüstzeug, nach sozialen Lebensmilieus und den persönlichen existentiellen Bedingungen.

3.1 Lebensführung unter veränderten Bedingungen

Es ist wohl kaum zu bestreiten, dass sich der soziale Rahmen, in dem wir unsere Welt und unser Leben deuten, in industrialisierten westlichen Ländern in den letzten Jahrzehnten dramatisch verändert hat: ein verbreiterter Zugang zu Bildung, ein gewaltiger Ausbau im Informations- und Unterhaltungsangebot und in den Kommunikationsmöglichkeiten über die neuen Medien, Abschütteln von Autoritäten und Bindungen, Stärkung des Individualrechts und der persönlichen Eigenständigkeit, Automatisierung in Produktion und Dienstleistung, Gleichzeitige Bewältigung von Berufsarbeit, Familie und Seniorenbetreuung usw. Der durch naturwissenschaftliche Erkenntnisse getragene technische Fortschritt mit der Vielfalt der elektronischen Geräte hat den Alltag nachhaltig verändert. Auf diesem Hintergrund verwundert es wenig, dass institutionelle politische und religiöse Ideologien an Deutungs- und Bindungskraft verlieren.

Viele von uns können mit den technischen Neuerungen in der logistischen und elektronischen Ausrüstung kaum noch mithalten. Vieles, was gestern aktuell war, ist heute veraltet, so auch Bildungsinhalte und Berufe. Die Menschen haben ihre Lebensbedingungen mit maschinen-technischen und elektronischen Geräten tiefgreifend verändert von der Landwirtschaft über die industrielle Produktion, Logistik und Medizin. Die Informations- und Kommunikationsmedien haben die Beziehungsstrukturen zwischen den Menschen nachhaltig beeinflusst. Eine ungeheure Informationsfülle ist heute beinahe unbegrenzt individuell zugänglich, die vor 100 Jahren noch stark (nur) über Bildungsträger (Schulen, Bibliotheken etc.) verfügt wurde.

3.2 „Die Glocke ist weg"

Der soziale Rahmen, der ehemals die Lebensführung gesteuert hat, - Familie, Partnerschaft, Geschlechtsspezifische Rollen, Berufsstand, Wohnort, nationale und parteiische Zugehörigkeit, religiöse Mitgliedschaft -----ist offener geworden. Dabei gibt es große Unterschiede nach gesellschaftlichen Kontexten und Wohnmilieus, aus denen wir kommen und nicht zuletzt nach der persönlichen Entwicklung: nach Vor- oder Nachteilen, die uns der alte Rahmen geboten hat, nach Anstößen zu Veränderungen, die wir erhalten haben, und grundsätzlich nach unserer Offenheit und dem Interesse über unser Leben und sein Wohin zu reflektieren. Hierbei spielen religiöse und philosophische Lebensdeutungen und Bindungen eine besondere Rolle. Wie stark wir unserer Lebensführung und -deutung aus der Kindheit anhängen oder wie offen wir auf Veränderungen und Entwicklungsperspektiven zugehen, dies wirkt sich auf die Kommunikation und die Handlungsfähigkeit in solchen Umbruchsituationen aus.

Wir wissen vergleichsweise viel über statistische Größen wie eheliche Scheidungshäufigkeit, Kirchenaustritte, den Rückgang von Mitgliedern in Parteien, Vereinen, Gewerkschaften, die Abwanderung von ländlichen in großstädtische

Wohnregionen. Aber wir wissen eher wenig darüber, wie sich die persönliche Lebensorientierung im Zuge solcher Veränderungen entwickelt. Wer in einer stark traditionsbestimmten Orientierungswelt herangewachsen ist und in ihr längere Zeit gelebt aber sie inzwischen verlassen hat, mag sich heute fragen, wie es möglich war, die festgelegten Aussagen und Verhaltensregeln unhinterfragt hingenommen zu haben.

In den modernen demokratischen Gesellschaften haben sich familiäre und auch ideologische Bindungen (Parteien, Kirchen) gelockert, die Anforderungen, aber auch die Freiheiten und Möglichkeiten zur eigenständigen Lebensführung (zu beruflicher, wirtschaftlicher und ideeller Eigenständigkeit) sind stark gewachsen. Der Einzelne sieht sich einer enorm gewachsenen Informations- und Meinungsvielfalt gegenüber. Die in Familie, Kirche und Partei angebotene Sinndeutung und Weltsicht wird auf breiter Front mit den Informationen und Erfahrungen im modernen Lebenskontext konfrontiert.

Auf mehreren Ebenen stellen uns veränderte Handlungsmöglichkeiten vor neue Herausforderungen:

In westlichen demokratischen und hochindustrialisierten Ländern haben breite Bevölkerungsschichten und darunter vor allem

Frauen Zugang zu *höheren Bildungsniveaus* erreicht. Über die neuen Medien wurde weltweit vorhandenes Wissen allgemein zugänglich.

Die *naturwissenschaftlichen Erkenntnisse*, die Informationen über das kosmische Geschehen und das Leben auf unserem Planeten haben massiven Einfluss auf unsere Lebenssicht und das Lebensempfinden.

Bildung, Informationszugang, die Betonung des Individualrechtes, die wirtschaftliche Förderung der individuellen existentiellen Sicherung, die verbesserte wirtschaftliche Wohlfahrt haben eine *individualisierte Lebensführung* begünstigt.

Die Medien konfrontieren auf breiter Ebene mit den Informationen über „eine Welt aus den Fugen": *weltpolitische Ereignisse* in der Finanzwelt, den Machtpoker der Staaten, die kriegerischen und terroristischen Angriffe, die Kluft von Arm und Reich, die wachsende Weltbevölkerung, die klimatischen Entwicklungen usw.

Inmitten großer Veränderungen erleben die Menschen ein großes und beängstigendes Maß an *Zwiespältigkeit und Widersprüchen*. Viele erklärte Ziele im politischen und privaten Bereich stehen in Widerspruch zu unserem praktischen Handeln: unser Markt- und Kaufverhalten, unser Verhalten zur Schonung der Umwelt usw.. wir haben Angst um unsere Gesundheit, unsere Umwelt, unser Klima. Wir spüren die Inkonsequenz in unserer Lebensführung, was wir produzieren, exportieren, nutzen und konsumieren. Die von uns geschaffenen Strukturen erscheinen uns nicht mehr umkehrbar. Vor uns sind Abgründe und wir hoffen, dass es ‚schon irgendwie weitergehen wird‘.

Wir erleben die *Verletzbarkeit* unseres Gemeinwesens mit humanitären und demokratischen Regeln gegenüber politischer und militärischer Gewalt.

Im Rahmen veränderter Lebensumstände und der Vielfalt der Informationen und Meinungen differenzieren sich die Lebensorientierungen: vor allem zwischen und innerhalb von zwei Positionen: denen, die in einer göttlichen ‚Offenbarung‘ den Anker ihrer Lebensdeutung sehen und denen, die das eigene Leben und das Miteinander ohne religiöse oder spirituelle Sinndeutung gestalten.

4   Jeder Mensch ist angstbesetzt.

Angst ist aktuell in der Gesellschaft allgegenwärtig. Terroristische Organisationen setzen auf die Strategie, Angst zu verbreiten. Menschen in Wohlstandsländern' heute haben Angst vor der Zukunft, vor katastrophalen klimatischen Veränderungen, vor terroristischen Bedrohungen, der nicht kontrollierten Überbevölkerung, vor Arbeitslosigkeit, dem Kollaps des Finanzsystems. Aktuell sind wir vermutlich am meisten um die innere Sicherheit, den Erhalt unseres Wohlstandes und die klimatische Stabilität besorgt. Wir erleben aufwendige politische Anstrengungen, solche Gefahren zu bekämpfen und damit die lähmende Angst, die von ihnen ausgeht. Wir sind in unserem privaten Bereich ringsum mit Ängsten konfrontiert: Mit Sorge und Angst begleiten Eltern den werdenden Nachwuchs ins Leben um physische und psychische Gesundheit, Ängste begleiten den Weg um den Wert in der Gemeinschaft, vielfältig begleiten uns Ängste vor Verlust des Erreichten, um Wohlstand, Anerkennung, Angst vor Gewalt, vor Versagen, Minderwertigkeit, Leiden und Tod. Angst ist die Grundlage unserer Suche auf den beiden Koordinaten, nach absoluter Geborgenheit und unserer Suche nach Sicherheit im Miteinander.

Unser tierisches Erbgutanteil fordert, dass wir uns behaupten und durchsetzen. Wir beschränken uns nicht darauf, zu heilen und zu entfalten, was in uns steckt und was wir auf unseren Lebensweg mitbekommen. Die Wurzel unserer Ängste steckt im EGO, das sich abgrenzen, sichern und durchsetzen will, das geborgen, geachtet, geliebt sein will. „Furcht ist das Schicksal der Menschen. Der Mensch ist ängstlich geboren aus dem Dunkel, aus dem Unbekannten, aus dem ihm Fremden…..“[6]. Wir suchen nach Sicherheit, sie zu erhalten oder zu verteidigen; ob wir arm sind oder reich, gesund oder krank, beliebt oder ausgegrenzt, in Machtpositionen oder machtlos. Wir umgeben uns mit Menschen gleicher Gesinnung, wir fühlen uns umso eher bedroht in den eigenen kulturellen und materiellen Wänden, wenn wir sie nicht anerkannt, eingebettet und abgesichert erleben in einem größeren Ganzen, ob in religiösen, ethnischen, politischen oder wirtschaftlichen Belangen. Ein erster Schritt zur Bewältigung unserer Ängste, erfordert, dass wir sie in uns selbst und in allen Menschen radikal ehrlich wahrnehmen.

Glauben an selbst geschaffene Sinnwelten (in Form von Wissen, Leistung, Geld, Konsum, Anerkennung, Einfluss etc.) kann Ängste auffangen, verdrängen und eine begrenzte Sicherheit vermitteln. Fundamentale religiöse oder

---

[6] S. Rushdie: Zwei Jahre, acht Monate und achtundzwanzig Nächte, 2015, S. 312

politische Positionen, in denen sich Menschen einem „von oben" vorgegeben Willen unterwerfen, nutzen die Ängste für ihre Interessen, verknüpfen sie mit Versprechungen einerseits, Drohungen und Bestrafungen andererseits.

Eine wirklich angstfrei spirituelle/religiöse Haltung benötigt ein bedingungsloses Vertrauen in den Lebensgrund (‚Gott') und hat damit auch nicht mehr das EGO zum Bezugspunkt der Motivation. Wir benötigen ein Vertrauen, das uns frei macht, die menschliche Realität anzuerkennen: dass wir in menschlichen Defiziten und unsolidarischen Neigungen stecken. Wir warten darin nicht auf einen ‚Gott', der zu unseren Gunsten eingreifen soll. Wir sind auch nicht darauf angewiesen, uns ein „Gut-sein" als persönliche Leistung zuschreiben. Angst überwindende Kraft entspringt einer Verbundenheit im ‚Lebensgrund' auf dem Wege einer Herzenshaltung, die das Eins-werden sucht. Glaubenshaltungen, in denen wir durch unser Wohlverhalten und durch religiöse Werke ‚den Himmel' sichern/verdienen möchten, die in der Angst um das eigene Seelenheil gründen, sind an erster Stelle dem eigenen EGO als der Quelle der Angst verpflichtet.

5 Jeder glaubt an etwas

Unser Blick auf unseren Lebensweg und die persönliche Strategie dem Leben zu begegnen, haben viel damit zu tun, in welchen Lebensinhalten und in welchen Erwartungen wir überwiegend oder grundlegend Halt finden.

Um leben zu können und zu wollen, beziehen wir unsere Kraft aus Dingen, die uns am Herzen liegen. In diesem Sinne ‚*glaubt' jeder Mensch* an etwas, hat jeder Mensch „seinen eigenen Gott"[7] . „Heute glaubt jeder an etwas anderes....Der Mensch möchte immer an etwas glauben. An Gott oder an den technischen Fortschritt. An die Chemie, an die Polymere, an die kosmische Vernunft...Und jetzt an den Markt" (ebenda S. 202).
Das eigene Können, eine Aufgabe oder eine Position, Freude am Schöpferischen, eine Überzeugung, das Vertrauen in den Wert eigener Handlungen: In diesen ‚Glaubenswerten' finden Menschen Zufriedenheit, ein Zuhause, sei es, dass sie ein übergeordnetes Vertrauen in ein transzendentes Wesen (‚Gott') für *überflüssig* oder gar schädlich erachten, sei es, dass sie dieses Vertrauen *neben* dem alltäglichen Engagement

---

[7] S. Alexijewitsch, 2015: Secondhand-Zeit. Leben auf den Trümmern des Sozialismus, S. 273

mehr oder weniger reflektiert annehmen sei es, dass sie es bewusst ersehnen und *suchen.*

Finden wir Halt in einer transzendenten Sinndeutung, so wirkt es sich ganz entscheidend auf unsere Lebenssicht und unser mitmenschliches Verhalten aus. Eine transzendente Sinndeutung für das Leben kann als Geschenk wahrgenommen werden, für das wir uns öffnen können, worüber wir jedoch in keinster Weise verfügen können. Wenn wir uns ermächtigen, selbst für andere die Sinndeutung festzulegen, – wie es uns in fundamentalistischen Haltungen politischer und religiöser Art begegnet –so missachten wir die persönliche Initiative und Verantwortung. In aktuellen sozialen Konflikten in verschiedenen Ländern der Welt wird deutlich, welche Rolle hierin politisch und religiös fundamentalistische Utopien spielen. In den unterschiedlichsten Gesellschaften wurden im Lauf der Geschichte in einem religiösen oder politischen Fanatismus „Sklavenseelen" erzeugt und versucht „die Menschheit ..mit eiserner Hand ins Glück zu treiben" (ebenda S. 341).

Wenn wir ‚Glauben' als „Glaube **an** ‚Gott' verstehen, schaffen wir zwei Ebenen: Wir schaffen uns ein von uns unterschiedliches absolutes Gegenüber, was auch wiederum unsere menschliche Situation jeweils unterschiedlich erscheinen lässt. Liegt doch im Versuch zur Definition eines absoluten Zieles und Gegenüber der Bezug zum Ich, dem Angst-besetzten und nach Sicherheit und Geltung suchenden Ich. Das ‚Glauben an' führt dazu, dass wir es an entsprechend angenommenen Wahrheiten und moralischen Verpflichtungen glauben messen zu können. Auch Scholl[8] scheint in seinem reformerischen Vorschlägen ‚Glauben' noch in diesem Sinne zu definieren: *„Glauben nach biblischem Verständnis ist die das gesamte Leben umfassende Antwort des Menschen auf die Erfahrung einer transzendenten, unsichtbaren Wirklichkeit (‚Gott') und die vertrauensvolle Hinwendung zu diesem in vielfacher Weise, wenn auch im strengen Sinn nicht beweisbar sich mitteilenden Gott".*

Wäre es nicht wirklichkeitsnäher ‚Glauben' als den Vertrauensweg selbst zu bezeichnen, sich darauf einzulassen, sich einer transzendenten, unsichtbaren Wirklichkeit anzuvertrauen, ihre Gesetze zu ergründen? ‚Glauben an' erwartet eine Antwort auf eine vorgegebene Offenbarung. Die Deutung oder Auslegung der Botschaft und der moralischen Inhalte liegt damit in der Obhut einer ‚von oben' legitimierten Führung. ‚Glauben' als Weg des Vertrauens hingegen beinhaltet ein aktives

---

[8] Scholl, N.: 2015/2: Wozu noch Christentum? Oberursel, S. 79/80

Suchen auf der Grundlage von Lebenserfahrungen (des Einzelnen und in Gemeinschaft), - als ,Weg von unten'.

Unsere menschliche Existenz bietet uns den ,Weg von unten' an, indem sie uns zwei Ankermöglichkeiten dafür anbietet und uns damit vor eine Entscheidung stellt:

- Menschen haben ein Bedürfnis nach letztendlicher Geborgenheit; dies stellt uns vor die Frage, wie wir damit umgehen.

- Menschen verspüren neben den Anforderungen, ihr EGO zu befriedigen, auch einen Antrieb zu uneigennütziger Solidarität. Immer wieder werden wir mit der Frage konfrontiert, ob diese Solidarität Sinn macht, überlebt, letztlich gewinnt; ob wir uns darauf einlassen sollen.

Mit diesem doppelten Kompass, so will mir scheinen, sind wir unterwegs. Wird dagegen Glauben als Antwort auf Lehren/Wahrheiten und Morallehren/Gebote innerhalb eines religiösen Gebäudes verstanden, so verdrängt es den zweifachen Weg des persönlichen Suchens. Es stellt sich dann immer die Frage, welche Religion die richtige oder bessere Wahrheit und Morallehre vertritt. Religiöse Erziehung/Unterweisung und Führung kann dazu führen, dass die erwähnte zweifache Frage aus unserer menschlichen Lebenssituation nicht mehr an erster Stelle steht, d.h. dass religiöse Gebote, Pflichten und das

‚Glauben an‘ im Vordergrund stehen. Ist es nicht Zeit für einen radikalen Perspektivenwechsel: von „Glauben an einen Gott“, hin zu gemeinsamen Suchen nach ‚transzendenter‘ Geborgenheit und den Gesetzen des Miteinander? Unser Dasein konfrontiert uns mit zwei Bezugsdimensionen: einer horizontalen Koordinate (die uns umgebende Welt und einer vertikalen oder Tiefendimensionen (Frage nach einem transzendenten Lebensgrund). Naturwissenschaftliche Erkenntnisse verweisen uns auf die gemeinsame Wurzel allen Lebens. In gemeinsamen Existenzbedingungen und Existenzbedrohungen (Bevölkerungsentwicklung, Wirtschaft, Beschäftigung, Gesundheit, Energie, Klima, Sicherheit) wächst die Erkenntnis, dass wir alle in den Prozess gegenseitiger Abhängigkeit eingebunden sind und dass ein letztes Gelingen der Menschheit nicht möglich ist, ohne dass die Menschen in freien und gerechten Beziehungen zueinander finden.

Kann uns Vertrauen in den transzendenten Lebensgrund eine ego-freie Lebensgrundlage bieten? Wie bewusst reflektieren wir, was denn unsere „Aufhänger“ sind für unser Hoffen, Vertrauen, unseren Glauben, sei es innerweltlich, sei es spirituell oder religiös? Was sind die Ankerpunkte, an denen wir es festmachen?
Wenn die Wellen hoch schlagen, wenn wir meinen, dass „die Welt wirtschaftlich, politisch, sozial aus

den Fugen" bricht, wenn die Existenz keine Perspektive mehr bietet: dann meinen wir doch oft, „es wird irgendwie weiter gehen". Als Menschen glauben wir ‚lebensnotwendig' an Zukunft, auch wenn wir Angst davor haben, dass es uns ‚morgen' schlechter gehen wird als ‚heute'. Die kosmische und biologische Evolution und die kulturellen Leistungen lassen uns auf Entwicklungschancen technisch aber auch sozial hoffen. Diese Hoffnungen gipfeln in der verwegen erscheinenden Utopie einer gewaltfreien, friedlichen und solidarischen Weltgemeinschaft. Wir fragen zurück: woran machen wir persönlich diese Hoffnung fest? Deckt sich unsere eigene ganz persönliche innere Einstellung mit dieser Hoffnung?

Wir erleben, dass man innerhalb politischer Ideologien glaubt, Gesellschaften zu diesem Verhalten und Wohlsein führen zu können (*fundamentalistische Positionen*). Es gibt spirituelle Heilslehren, die den Weg zur Selbstheilung zeigen durch persönliches Freiwerden vom EGO als Wurzel von Angst, Unrecht und Gewalt (*humanistische Heilslehren*). Wir kennen religiöse ideologische Haltungen, in denen die Menschen Gott gleichsam als Lückenbüßer in diversen Notlagen um Hilfe bitten (*festgelegte Glaubenslehren*). Eine religiös-spirituelle Sicht und Haltung entspringt einem Vertrauen in eine absolute und unbedingte Geborgenheit; sie öffnet

40

sich in einer Herzenshaltung, die dem ‚transzendenten Sein‘, dem Lebensgrund selbst entspricht (*offener Vertrauensweg*), eine ‚Herzenshaltung‘, in der wir radikal ehrlich[9] auf der rein menschlichen Ebene das Eins-sein miteinander ersehnen und suchen. Nur auf dieser Grundlage erschließt sich eine religiöse Sicht von Vertrauen in die Geborgenheit in einem transzendenten Sein, einem alles tragenden ‚Lebensgrund‘ (‚Gott‘). Dies wiederum erleichtert und ermöglicht uns die Befreiung vom EGO, gut zu sein, auch wenn man nicht gut mit uns verfährt; bzw. gut zu sein, weil wir vertrauen, dass wir auch unverdient und bedingungslos gesichert sind[10]. Ein solches Vertrauen befreit nicht von der Verantwortung für das eigene und das gemeinsame Leben; es schützt davor, dass ein Hoffen auf ‚Gott‘ zum Trostpflaster in einer unsicheren Welt wird[11].

Wir leben in den westlichen Gesellschaften in ziemlich zwiespältigen geistigen Positionen.
Einerseits hat das Wissen um die Evolution und die naturwissenschaftlichen Erkenntnisse religiöse Annahmen über ein direktes Einwirken eines ‚Gottes‘ zurückgedrängt. Neurobiologische

---

[9] Metzinger, Th., 2015/3: Der Ego-Tunnel: Eine neue Philosophie des Selbst: Von der Hirnforschung zur Bewusstseinsethik, München-Zürich, S. 410
[10] Mt 18,23-35
[11] Metzinger, S. 398

Forschung versucht religiös/spirituelle Anlagen und Prozesse im menschlichen Gehirn zu orten und geistige Aktivität als aus materiellen Grundlagen, dem Zusammenwirken neurologischer Gegebenheiten abzuleiten. Eine ‚von Gott' geschaffene, eigenständige geistige Fähigkeit, gar unsterbliche Seele ist zur Erklärung menschlichen Verhaltens aus naturwissenschaftlicher Sicht nicht gefragt.

Andererseits, so scheint es, leben viele naturwissenschaftlich aufgeklärte Menschen auf praktischer und emotionaler Ebene weiterhin in traditionellen Vorstellungswelten: in der Vorstellung, dass es einen unendlich liebenden, allwissenden, allmächtigen ‚Gott' gebe, der die Welt erschaffen hat, der für eine letztendliche ausgleichende Gerechtigkeit für Gutes und Böses sorgt; eine Vorstellung, in der wir einen Lebenssinn finden und wissen, woher wir kommen, wohin wir unterwegs sind.

Wir beobachten auch, dass Menschen, die solche Vorstellungen nicht mehr ernst nehmen, sich doch nicht von der religiös rituellen Gestaltung von Lebensereignissen (Taufe, Hochzeit, Beerdigung) und vor allem vom gemeinschaftlichen Leben innerhalb kirchlicher Organisationen trennen. Die Gruppenbildung zu kulturellen Aktivitäten und in Form von Vereinen innerhalb kirchlicher Organisationen trägt vor allem in kleinstädtischen und ländlichen Bereichen das religiöse Leben. Das

Leben in den religiösen Organisationen (Kirchen) reagiert auf die Bedürfnisse der Menschen nach Verbundenheit von Gleichgesinnten und nach einer Strukturierung und Sinngebung der Lebenswege.

Die Zugehörigkeit und die Aktivität in gemeinschaftlichen Kreisen und auch traditionelle, vorgegebene religiöse Vorstellungswelten kommen menschlichen Bedürfnissen entgegen. Menschen in großstädtischen individualisierten Welten, die von diesen Zugehörigkeiten abgeschnitten sind (freiwillig oder vorgegeben), stehen isolierter vor der öffentlichen Meinungsvielfalt und den breit zugänglichen wissenschaftlichen Informationen.

6 Solidarisches Handeln als kulturelle Errungenschaft

Die Frage, inwieweit die christliche Botschaft die Entwicklung von Menschenrechten, von Bewegungen zu Freiheit und Gleichheit der Menschen und zu solidarischem Miteinander inspiriert hat – während christliche Einrichtungen über Jahrhunderte Gewalttätigkeit praktiziert haben – kann wohl nicht messbar entschieden werden. Wir unterscheiden jedoch zwischen den Impulsen aus den biblischen Prophetenworten und der Botschaft Jesu einerseits und dem Christentum als der institutionell geführten Gemeinschaft andererseits. Christliche Gruppen und Einrichtungen haben bis heute unzählige humanitäre Leistungen vollbracht. Gleichzeitig haben sich kirchliche Einrichtungen und die Führung im Namen ihres Gottes vielfach und schwer gegen ihre erklärten Ziele und die Menschenwürde vergangen und das christliche Volk hat sich daran beteiligt. Ob „die Welt doch reichlich ärmer und kälter" wäre, „wenn es das Christentum nicht gäbe"[12] – wer soll das entscheiden? Es scheint doch, dass sich humanitärer und solidarischer Einsatz, der Ruf nach Freiheit und Gerechtigkeit auch (oder

---

[12] Scholl, S. 93

gerade?) aus der Not der Fremdbestimmung und Unterdrückung entzünden.

Darüber hinaus stellt sich die Frage, wie es mit der kulturell entwickelten menschlichen Fähigkeit bestellt ist, grundlegende ethische Normen zu erkennen, wie z.B. „Was du nicht willst, dass man dir tut, das füge auch keinem anderen zu". Das heißt nicht:

- Dass menschliche Wesen von Anfang an (wann war das Bewusstsein dazu in der Lage?) dazu fähig sind
- Dass alle Menschen, ungeachtet ihrer Entwicklung und der physisch-psychischen Ausstattung dies tun
- Dass nicht auch Menschen darin überfordert werden können und an ihren Mitmenschen irre werden
- Dass Menschen nicht auch von ihren EGO-Interessen übervorteilt werden

Eine spirituelle Orientierung ‚von unten' geht davon aus, dass es den Menschen grundsätzlich möglich ist, solche Normen der Gleichwertigkeit unter Menschen zu erkennen. Dies schließt eben nicht aus, dass diese Fähigkeiten nicht von Ängsten, Vorteils- und Machtstreben zum Schweigen gebracht werden.

Auch ohne die Schutznormen eines demokratisch humanitären Regelwerkes und auch ohne explizite religiöse Motivation bzw. ohne Impulse aus religiösen Traditionen folgen viele Menschen einem inneren Antrieb zu uneigennütziger Solidarität.

Säkularisierte demokratische Gesellschaften haben ein soziales Regelwerk und Werte entwickelt, die in Teilen den ethischen Normen der christlichen Religion entsprechen. Wobei offen bleiben kann, welche Impulse diese Entwicklung befördert haben. Aus diesem teilweise Zusammenspiel im Wertekanon kann/könnte gefolgert werden, dass religiöse Funktionen durch das säkularisierte Regelwerk abgelöst werden. Es könnte auch sein, dass sich dieser Tatbestand auf das Verhalten der Menschen gegenüber der religiösen Institution auswirkt: Kirchliche soziale Dienste in Form von Einrichtungen der Kinder- und Seniorenbetreuung, Krankenhäuser, Privatschulen etc. werden gerne auch ohne persönliches religiöses Engagement genutzt. Ebenso geschätzt sind kirchliche Ausgestaltungen von Hochzeiten und Beerdigungen, ohne dass sie von expliziten religiösen Überzeugungen getragen sind.

Worin können wir den speziellen Beitrag einer religiös-christlichen Motivation sehen? Überlegungen dazu in Punkt 11.

7 „Sinn des Lebens"; Leiden/Tod; Wie leben, dass mein Leben Sinn macht

Was benötigen wir, um glücklich zu sein oder zu werden? Dass wir selbst heil werden, physisch, psychisch, sozial? Dass wir den Weg dazu finden und die innere Einstellung/Bereitschaft dazu aufbringen?

Es entspricht einem menschlichen Grundbedürfnis, Geborgenheit zu finden. Wir streben nach Vertrauen, Sicherheit, suchen Verständnis, Anerkennung, Liebe, in der Zugehörigkeit zu einer Gemeinschaft akzeptiert und geachtet zu sein. Eine große Rolle dabei spielt die eigene Lebens- und Weltsicht, ob man darin *„mit sich im Reinen/im Lot"* ist und ob wir darin Gelassenheit und Selbstwert finden.

Religionen operieren mit Versprechungen von Geborgenheit; rituelle Texte (Lieder, Gebete) sprechen von Geborgenheit in ,Gott', Aktivitäten innerhalb der Glaubensgemeinschaft sollen Geborgenheit erleben lassen.

Je mehr aber eine Glaubensgemeinschaft mit sich selbst beschäftigt ist, je weniger offen sie in ihrer Glaubensposition zu anderen Weltanschauungen ist, um so eher wird sie sich in der eigenen Geborgenheit abschotten, bzw. den Austausch mit ihnen auf äußere Aktivitäten und Strukturen beschränken. Deshalb ist es bezogen auf die christlichen Kirchen lebenswichtig, dass nicht nur das institutionelle Erscheinungsbild in Einklang mit der Botschaft ist, die vertreten wird; sondern dass auch ihre Mitglieder inhaltlich mit der Botschaft im Einklang sind, d.h. mit dem worin sie den spezifischen Beitrag ihrer christlichen Motivation in unserer gesellschaftlichen Situation sehen.

Geborgenheit kann nur echt und dauerhaft sein, wenn wir uns im anderen/in den Mitmenschen finden. Hierin steckt m.E. der springende Punkt. Traditionelles religiöses (christliches) Leben war und ist stark auf das „Seelenheil" für ein Jenseits ausgerichtet. Leidende wurden und werden durch die Hoffnung auf Entschädigung im Jenseits getröstet. Echte und dauerhafte Geborgenheit erschließt sich im Zugang zu den Mitmenschen mit einer offenen, wohlwollenden Herzenshaltung, in der die EGO-Interessen ausgeschaltet oder zurückgestellt sind oder nicht den Weg versperren.

Lebenssinn kann zum Problem werden, wenn uns das Miterleben von *Leiden in der Welt* überwältigt und wenn wir es selbst in großem Maße erleiden. Wir vermögen es dann nicht mehr aufzuwiegen mit Versprechungen auf Trost, einen guten Ausgang oder durch den Hinweis auf vieles Gute und Schöne. Wir verstummen bei der Frage nach Lebenssinn für die Menschen, von denen wir erfahren, welche Qualen und Not sie durch Mitmenschen erfahren haben. Die schrecklichen

50

Greueltaten islamistischer Terrorgruppen in unseren Tagen erinnern uns an viele andere Greueltaten, in KZ-Vernichtungslagern, in sibirischen Zwangsarbeitslagern des Gulag, im Terror der chinesischen Kulturrevolution, den Todeskommandos der Pol Pot Herrschaft, und vielen anderen Massenhinrichtungen und Giftgaseinsätzen in kriegerischen Konflikten. Christliche Völker haben Kriege gegeneinander geführt, sie haben sich am Sklavenhandel beteiligt und an der Vernichtung von Ureinwohnern. All das zeigt uns, wie bestialische Triebe des Menschen entfesselt wurden. Wir vermögen nicht erzieherische Ursachen, soziale Ausgrenzung, Ängste etc. als eindeutige Ursachen dafür auszumachen. Die Fähigkeit von Menschen, anderen Menschen so ungeheure Qualen zuzufügen, lässt uns letztlich sprachlos. Wer wagt es, die Opfer oder Hinterbliebenen mit dem Gedanken an einen allmächtigen, barmherzigen ‚Gott' zu trösten?

Mit unserer gewohnten Vorstellung von einem allmächtigen, allbarmherzigen Schöpfergott können wir das Leiden schwer in Einklang bringen, ob naturgegeben oder willentlich durch Menschen verursacht. Ist es nicht so, dass uns Leiden und Tod als die grundlegenden Probleme menschlichen Daseins aus dem individuellen Leben heraus unlösbar und letztlich sinnlos erscheinen?

Gleichzeitig begegnen wir auch Menschen, die uneigennützig Gutes tun und aus einer authentischen, wohlwollenden Herzenshaltung handeln. Wir sehen das uneigennützige Engagement vieler Menschen für sozial ausgegliederte, behinderte, kranke Menschen. Wir entdecken, was wir selbst auch in einer Wohlfahrtsgesellschaft mit einer wohlwollenden Haltung in Alltagsbegegnungen bewirken können.

Die christliche Theologie hat reichliche Versuche unternommen, ‚Gott' freizusprechen davon, dass er Leiden nicht verhindert, dass er die Welt so angelegt hat, dass ihre Evolution Leiden und auch Menschen, die Leiden anrichten, miteinschließt[13]. Aus der biblischen und christlichen Botschaft[14] entziffern wir nur, dass wir vertrauen können in die letztendliche Geborgenheit im Lebensgrund (‚Gott')[15]. Alle rationalen und theologischen Argumente um Leiden auch im Glauben an einen allmächtigen, allbarmherzigen ‚Gott' zu verstehen oder anzunehmen, bleiben menschlich begrenzte Deutungen. Wer in spirituellem Vertrauen in den Lebensgrund zu einer Herzenshaltung seinen Mitmenschen gegenüber findet, die auf der ‚Wellenlänge' der Liebe ist, die wir selbst im Lebensgrund (‚Gott') ersehnen, der mag auch im

---

[13] Brantschen, J.B.:2009: Warum gibt es Leid? Freiburg
[14] Hiob 1,1-42,17; Jo 9,2; Mk 4,35-41; Mk 15,31-32
[15] Offb. 21,4

abgrundtiefen Leiden in dieser Geborgenheit Gewissheit finden und still werden[16]. Wer sich so im Lebensgrund geborgen weiß, tut es auf einer Ebene der bereits jetzt vollzogenen Einheit bzw. dem Wunsch nach dieser Einheit. In diesem Sinne erschließt sich die Aussagekraft der sogn. „Seligpreisungen"[17]. Er verspricht nicht Trost im Jenseits, sondern ermuntert zu einer Herzenshaltung, die einig ist mit ‚der Liebe', wie wir sie in ‚Gott' erhoffen und mit dem Willen ‚Gottes' zum gewaltfreien, gerechten, barmherzigen Miteinander. Er verspricht auch nicht ein leidfreies Leben, aber er zeigt den Weg zu unserer Heilung. Im christlichen Gebet des „Vater unser" wird exakt diese Grundhaltung des Verlangens nach dem ‚Reich Gottes' ausgesprochen.

In biblischen Prophezeiungen wurde eine soziale Wende angekündigt. Sie sollte nicht wirtschaftliche, politische oder religiöse Macht für das jüdische Volk bringen, sondern soziale Schranken zwischen den Menschen beseitigen

---

[16] Lk 23,46
[17] Mt 5,2-10: „....Freuen dürfen sich alle, die nur noch von Gott etwas erwarten.....die unter dieser heillosen Welt leiden....die auf Gewalt verzichten....die danach hungern und dürsten, dass sich auf der Erde Gottes gerechter Wille durchsetzt.....die barmherzig sind....die im Herzen rein sind....die Frieden stiften....die verfolgt werden, weil sie tun, was Gott will......

durch mitmenschliches, gerechtes und barmherziges Verhalten. In dieser Wende sollen die Menschen erfahren, dass ihnen ‚Gott' nahe ist. Jesus hat diese Prophezeiungen auf seine Person und sein Wirken bezogen. Er sei gekommen um zu heilen, aufzurichten, was verstummt und blind geworden ist am Leben, den Menschen zu befreien aus Fremdbestimmung[18].

---

[18] Lk 4,18: „ ...Er hat mich gesandt, den Armen gute Nachricht zu bringen, den Gefangenen zu verkünden, dass sie frei sein werden, und den Blinden, dass sie sehen werden. Den Misshandelten soll ich die Freiheit bringen.....''

8 An Gott festhalten – eigenständig gegenüber kirchlicher Glaubensführung

Die kirchlich geführte Glaubenspraxis wird aktuell von vielen Noch- oder Nicht mehr-Mitgliedern abgelehnt, ignoriert oder nur bedingt hingenommen. Ablehnung, Zweifel und Gleichgültigkeit wenden sich gegen grundlegende Positionen der kirchlichen Glaubensführung, darauf,

- dass die biblische und christliche Botschaft, wie sie in den kanonischen Schriften niedergelegt ist, eine Offenbarung Gottes an uns Menschen enthält, dass sich uns Gott mitgeteilt hat. Die Bibel, die Evangelien werden als Wort Gottes ausgegeben

- dass sich die Kirchenführung auf den Auftrag durch Jesus beruft, seinen Dienst/sein Amt weiterzuführen. Dies gipfelt in dem Selbstverständnis von Päpsten, die sich als 'Stellvertreter Christi auf Erden' verstehen. Die Amtsführung beruft sich auf Textstellen in den Evangelien, wie z.B. Jo 20,21[19]; Mt 16,15-18[20]; Mt 28,18ff[21]

---

[19] ...sagte Jesus zu ihnen: Frieden sei mit euch! Wie der Vater mich gesandt hat, so sende ich nun euch. Dann hauchte er sie an und sagte: Empfangt den Heiligen Geist! Wenn ihr jemand die Vergebung seiner Schuld zusprecht, ist die Schuld auch

- dass sich die Kirchenführung bevollmächtigt sieht, zu entscheiden, welche Schriften die ungefälschte Botschaft Gottes enthalten
- dass sich die Kirchenführung befugt weiß, die Schriften richtig auszulegen, darüber urteilen zu können, wie sie zu verstehen sind; dass sie sich in ihrer Amtsführung erleuchtet und geführt glaubt

Auch ohne die Verbindung der kirchlichen Glaubensführung mit politischen und finanziellen Interessen im Lauf der Geschichte anzuführen, ergibt sich eine Grundstruktur kirchlicher Glaubensführung, die in unseren freiheitlich demokratischen Gesellschaften auf Ablehnung trifft.

---

von Gott vergeben. Wenn ihr die Vergebung verweigert, bleibt die Schuld bestehen.

[20] ..da sagte Simon Petrus: Du bist Christus, der versprochene Retter, der Sohn des lebendigen Gottes. Darauf sagte Jesus zu ihm ....diese Erkenntnis hast Du nicht aus dir selbst; mein Vater im Himmel hat sie dir gegeben. Darum sage ich dir: Du bist Petrus und auf diesem Felsen werde ich meine Gemeinde bauen...........Was du hier auf der Erde für verbindlich erklären wirst, das wird auch vor Gott verbindlich sein......

[21] ...Jesus trat auf sie zu und sagt: Gott hat mir unbeschränkte Vollmacht im Himmel und auf der Erde gegeben. Darum geht nun zu allen Völkern der Welt und macht die Menschen zu meinen Jüngern und Jüngerinnen. Tauft sie im Namen des Vaters und des Sohnes und des Heiligen Geistes......

Naturwissenschaftliche Analysen, aber auch philosophische und theologische Argumente gehen immer häufiger von der eigenständigen schöpferischen Kraft der Materie und des Lebens aus, ohne dass sie die Entwicklung auf einen übernatürlichen Schöpfergott zurückführen.

Der Physiker Ben More sagt:

"Einen Sinn des Lebens gibt es nicht, nein. Wir sind durch Zufall hier, wir sind hier, weil Moleküle diesen erstaunlichen Weg von Bakterien zu Elefanten hin zu Menschen eingeschlagen haben, es gibt keine Regeln, wie Moleküle sich verhalten sollen. Es ist erstaunlich, es ist großartig, dass wir hier sind, aber es steckt kein Sinn dahinter. Gefühle sind eine molekulare Interaktion, Hormone führen dazu, dass wir uns gut fühlen oder schlecht."[22].

Dagegen sagt der Theologe J.H. Claussen: „Menschen haben Gedanken und Gefühle. Wie wollen Sie die Selbstwahrnehmung, das Selbstbewusstsein des Menschen mit diesem Modell verstehen? Sicher, jedes Gefühl, jeder Gedanke ist mit einem materiellen Prozess im Gehirn verbunden, lässt sich aber nicht auf diesen

---

[22] Der Astrophysiker Ben Moore und der Theologe Johann Hinrich Claussen im SPIEGEL-Streitgespräch über den Sinn des Glaubens und seine Abgründe. In: DER SPIEGEL 53/2015 vom 24.12.2015

reduzieren. Die Frage, wie man sich bewusst zu einem Gegenstand verhält, wie man ihn interpretiert und versteht, geht doch weit über neurophysiologische Reaktionen hinaus". In einer Umfrage bei den Lesern haben 58% dem Statement des Physikers zugestimmt, 27% dem Theologen, 15% keinem von beiden.

Es gibt vermehrt auch Stimmen von religiös engagierten Menschen, die die kirchliche Führung und Regelung des religiösen Lebens als entwürdigend, realitätsfremd und unterdrückend darstellen[23].

Aus soziologischer Sicht erscheint ,Religions-bildung' als ein ,normaler' sozialer Vorgang, d.h. dass sich Menschen mit ähnlichen religiösen Überzeugungen in Verbindung mit kulturellen Milieus, politischen und ethnischen Zugehörigkeiten auch institutionell organisieren.

Wenn aber eine institutionelle Glaubensführung, glaubt, von oben erleuchtet und geleitet zu wissen – dies auch in einer theologisierten Sprachform vermittelt – und zu bewerten, was Gott sagt und will, was er verbietet und bestraft, erzieht sie sich eine gefügige Herde. Diese Glaubensführung misstraut dem Suchen der Menschen und ihren Erfahrungen (als einer lebendigen Glaubens-

---

[23] Großbölting, Th-, 2013: Der verlorene Himmel. Glaube in Deutschland seit 1945, Göttingen, S. 257ff

erfahrung), es sei denn es kommt von ‚Heiligen‘, die sie selbst dem Fußvolk als Vorbilder anzeigt.

Aufgeklärt denkende Menschen unserer Tage haben auf diesem Hintergrund gewichtige Einwände:
Die Bibel, bzw. das Alte Testament vermittelt ein teilweise nicht akzeptables Gottesbild: patriarchalisch, parteiisch, kriegerisch usw. Die Evangelien reden noch davon, dass Jesus mit Verdammnis und Höllenstrafen gedroht hat, was der von ihm verkündeten absoluten, bedingungslosen Liebe des ‚Vaters‘ entgegensteht. Es vermittelt auch noch ein, wenn auch abgemildertes, patriarchalisches Bild von Gott.
Es ist offensichtlich, dass eine Menge alttestamentlicher Vorstellungen/Bilder in die Texte der Evangelien hinein formuliert wurden.
Offensichtlich ist auch, dass aus der Glaubenspraxis der jungen Kirchen heraus Jesus Worte in den Mund gelegt wurden (z.B. zu Autorität und Auftrag der Kirche), die so nicht von ihm kommen konnten. Vieles spricht dafür, dass die ausbleibende Endzeit, die Jesus vermutlich angedeutet hatte, ausblieb. Möglicherweise entstanden erst in der Situation der Gemeindeaktivitäten (für die Einführung von Neumitgliedern) Sammlungen von Berichten über die Worte und Taten Jesu.
Die vier christlichen Evangelien und die anderen neutestamentlichen Schriften enthalten viele

Textstellen, in denen es um Lohn und Strafe geht. Zum einen knüpfen sie auch an alttestamentliche Vorstellungen an, Vorstellungen nach denen eine Ablehnung ‚Gottes' und dann des Messias und seiner Botschaft nicht ungestraft bleiben kann. Zum anderen trifft es auf ein menschliches Bedürfnis, Menschen auszugrenzen und mit Strafen zu drohen, wenn sie die Gemeinschaftswerte und –regeln ablehnen. Auch solche Erwartungen stecken in den ‚Offenbarungstexten' und stehen einer bedingungslosen ‚göttlichen' Liebe entgegen.

Wenn wir im kirchlich erklärten „Wort Gottes" der Bibel, der Evangelien und der Apostelbriefe Berichte von Erfahrungen, Ereignisdeutungen, Erwartungen, Hoffnungen sehen und nicht eine von ‚Gott' über seine Gesandten an uns gerichtete Botschaft, so werden diese Schriften deshalb nicht bedeutungslos. Allerdings erkennen wir dann manche Feststellungen in ihrer kulturellen Bedeutung, als eingeschobene Ergänzungen oder Interpretationen verbunden mit konkreten Interessen. Es dient uns dann immer noch als Information und Wegweisung, zu erfahren, wie gerade diese Menschen in der gegebenen Situation von Herausforderungen auf der Grundlage ihrer religiös-spirituellen Suche umgegangen sind.

Das Eingeständnis, dass die ‚Heiligen Schriften 'nachgeschobene Interpretationen und Überdeutungen enthalten, kann die Grundfesten christlicher Glaubenslehre (Jesus als Gottes Sohn, geboren von einer Jungfrau, auferstanden aus dem Tode) in neuem Licht erscheinen lassen. Eine solche theologische, bildhafte Überdeutung ist denkbar und kann als solche angenommen werden. Es verhindert nicht, dass wir dennoch in den Berichten Ermutigung, Wegweisung und Hoffnung finden. Theologische Überdeutungen sind in der kirchlichen Glaubenspraxis auch heute an der Tagesordnung. Sie werden gerade auch jungen Menschen angedient. Zwei konkrete Beispiele:

- Im Rahmen einer Firmvorbereitung nehmen die Jugendlichen an einer Messfeier teil. Der Pfarrer erklärt ihnen vor der Wandlung: Seid jetzt besonders gesammelt, Jesus kommt in der Wandlung leibhaftig in eure Mitte....[24]

- In einem Pfarrbrief (2015) heißt es in der Einladung zum Messdienerdienst: „Sie rekrutieren sich vor allem aus den Erstkommunionkindern: Wer den Leib Christi bereits empfangen darf, ist in besonderer Weise berufen, Christus in der Feier der heiligen Messe am Altar zu dienen......". Und: „Manche Eltern haben die Sorge geäußert, dass der Ministrantendienst den Erfolg der vierten Klasse beim Übertritt an eine andere Schule gefährden könnte. Ich denke, hier gilt das Wort Jesu: ‚Euch aber muss es zuerst um das Reich

---

[24] Selbst miterlebt

Gottes und um seine Gerechtigkeit gehen, dann wird euch alles andere dazugegeben"[25].

Die veränderten gesellschaftlichen Bedingungen in modernen demokratischen Gesellschaften laden uns ein, Glaubenshaltungen (welcher Art auch) in ein neues Lot zu bringen. Dies betrifft besonders zwei Ebenen:

- Loslassen von theologisierten Bildern
- Freiheit von Angst und Einüben einer Beziehung der Liebe

Im anerzogenen religiösen Wissen (Religionsunterricht, gottesdienstlichen Unterweisungen, Riten und Gebeten etc.) steckt eine Fülle von Bildern über ,Gott' als Majestät, Richter, der gnädig, erbarmend oder bestrafend handelt. Unser Vertrauen in ihn vermischt sich mit Angst, vor ihm bestehen zu können. Unsere bittenden Gebete um Vergebung von Schuld, um Hilfe, um gnädiges Erbarmen, erfolgen zwischen der Angst vor Nicht-Erfüllung und der Hoffnung auf Erfüllung; sie sind in der Sprache von Herrschaftsverhältnissen unter uns Menschen gehalten unter der Vorstellung von einem majestätischen Gott, der Gnade verteilt oder

---

[25] Ein Pfarrbrief 2015

versagt. Besonders drastisch drückt sich diese Haltung in unseren Bitten für die Verstorbenen aus.

Das Loslassen theologisierter Bilder kann auf dem Hintergrund einer neu gesuchten Begegnung mit ‚Gott' erfolgen, einer ganz persönlichen tiefen Begegnung. Dafür ist es nötig, Zeit zu verwenden, die wir neben den zeitfressenden elektronischen Geräten erübrigen könnten. Es geht darum, in ein „Ruhen in ‚Gott' zu finden, in dem wir uns mit ihm wie dem Freund in einer bedingungslosen Liebe unterhalten: über unser Lebensgefühl, unser ausweglos erscheinendes Verstrickt-sein im EGO, unser Leiden an der Welt. Wir können so bewusster aus unserer Mitte leben: indem wir die persönliche Verbindung mit dem Lebensgrund (‚Gott') suchen und uns als Teil der Entwicklung des Lebens erleben. Wir wissen, dass es nicht um einen „lieben Gott" geht, wie wir ihn unseren Kindern anerziehen oder wie ihn in alltäglichen Floskeln (‚ach, du lieber Gott') benutzen. Es geht auch nicht um einen ‚Gott', der als Eigenschaft unendlich lieb ist, sondern der DIE LIEBE ist, der die Welt und uns bedingungslos und absolut liebt und der uns einlädt, mit Hoffnung und Mut aus ihm an der Verbesserung der Welt zu arbeiten.
Religiöse Pflichten erleben wir als ‚Pflichten', deren Erfüllung anscheinend von ‚Gott' gefordert wird. So erleben wir vorwiegend auch unser Beten als etwas Gefordertes. Wir suchen ihn aus

Eigeninteresse, nicht weil er es fordert. Wenn wir uns aber darauf einstellen, dass ‚Gott' immer ungeschuldet und konkret da ist (mit uns und mit der Welt), dass es nur darauf ankommt, dass w i r uns an ihn wenden, so ergibt sich m.E. aus dieser Haltung ein radikal neuer Zugang.

Eine persönliche tiefe Begegnung mit ‚Gott' in der Mitarbeit an uns selbst und der Welt führt uns in eine offenere Begegnung mit den Mitmenschen. Auf diesem Wege erleben wir eine sich entwickelnde Welt, an der wir selbst beteiligt sind und daran mitarbeiten, sie leidfreier und liebender zu machen. Wir leben bewusster in der doppelten Dimension, einer vertieften Beziehung nach innen (ruhen im Lebensgrund) und in der Annahme kosmischer Verbundenheit und der Gemeinsamkeit mit allen Menschen. Wie könnten wir ‚Gottes Existenz' beweisen oder wissen, dass wir ihn lieben? Aber wir können unsere Solidarität mit den Lebewesen/Menschen erkennen.

9 Religiös erziehen

9.1 Erziehungslinien

Ganz sicher will ich mir hier nicht anmaßen, für oder gegen religiöse Erziehung und auch nicht über ein mögliches Wie zu werten. In Verbindung mit den gesamten Äußerungen zur Lebens- und Weltsicht sollen hier aber einige Aspekte kurz erörtert werden, die m.E. bedenkenswert sind.

Kinder fragen nicht nur: wer ist das Christkind oder der Osterhase? Sie fragen schon recht früh nach Woher und wohin, z.B. wenn liebe Menschen sterben (wo ist Oma, Opa etc. jetzt). Noch immer stehen die Führungskader der Religionen auf dem Standpunkt, dass man zu Glauben erziehen soll, in der Familie, in Religionsunterricht, in Predigten etc. Der Glaube *an* vorgegebene Wahrheiten und die von der Religionsführung ausgegebene Lebensführung gilt als Maßstab eines religiösen Lebens.

Es gibt in diesem Zusammenhang Grundsätzliches zu berücksichtigen:

- Religiös/spirituell nicht zu erziehen ist auch ein erzieherischer Vorgriff, so wie es religiöse Erziehung an Hand von Vorstellungen ist, die ein rein kulturelles Produkt sind.
- Das Leben beginnt nicht mit Denken und freiem Entscheiden, sondern damit dass der Nachwuchs Verhaltensmuster und Überzeu-

gungen vorgelebt bekommt. Aus dieser Prägung kann oder will man später oft nicht oder nur teilweise aussteigen.

- Das Tempo der Lebensvollzüge (Mobilität, mediale Vernetzung, Schnelligkeit in Produktion, Verwertung, Konsum) passt nicht zu reflektierendem Bewusstwerden
- Spirituell/religiöse Erziehung kann nur eigenes Fragen/Suchen ermuntern und dialoghaft begleiten
- Es gibt – vielleicht in der menschlichen Existenz bedingt - einen Bedarf an Religion, der sich besonders in der Orientierungsphase Jugendlicher auswirkt (Bedürfnis nach Ordnung/Orientierung). Diese Orientierung kann nicht mehr in ideell abgeschirmten Gemeinschaften erfolgen. Sie muss sich den Herausforderungen aus naturwissenschaftlichen Erkenntnissen stellen, sie muss sich ihrer Motivationsbasis bewusst werden und ihres Verhältnisses zu anderen religiösen und weltanschaulichen Orientierungen. Sie muss auch die Strukturen ihrer Glaubenspraxis in Einklang mit ihrer Botschaft bringen.

Spirituelle/religiöse Erziehung muss sich einer zweifachen Anforderung stellen:
- Der Transzendenzfrage: dass all unsere Gottesvorstellungen menschliche Bilder sind, d.h. sie müssen so offen bleiben, wie die

Zukunft des menschlichen Wesens offen ist. ‚Gott‘ bleibt für Menschen unfassbar. Wir erwarten, dass wir im Lebensgrund (‚Gott‘) absolut und unbedingt geborgen sind.

- Es gibt Freiheit für den Menschen nur in Kontrolle des EGO durch Gemeinsinn M. Pauen sieht die Entwicklung der menschlichen Intelligenz in erster Linie in der Tatsache begründet, dass sie uns zu einem Leben in Gemeinschaft befähigt[26].

Unsere letztendliche Geborgenheit ereignet sich auf diesem Wege des Eins-werden-wollen mit der geglaubten unbedingten Liebe.

Aus dem Letztgenannten folgen Grundhaltungen religiöser Erziehung:
1. Akzeptanz, Respekt und Rücksicht gegenüber anderen Positionen 2. Empathie, mitfühlendes/nicht bewertendes Verstehen 3. Ehrliche, authentische Lebenshaltung. Das neben der Angst vor Gottes Gericht lockere Reden von der „Liebe Gottes" erinnert manchmal an die spöttische Bemerkung „Glaube fest und sündige tapfer". Immerhin deutet sich darin ein aus menschlicher Sicht grundlegendes Dilemma an: die Lieblosigkeit der Menschen steht neben der von uns geglaubten „Gott ist die Liebe". Im Blick auf das menschliche

---

[26] Pauen, M.; Der empathische Egoist. Warum es in der menschlichen Natur liegt, Gemeinsinn und Eigennutz miteinander zu vereinen. Philosophie I Essay

Tun flüchten wir in anscheinend rettende Vorstellungen: dass *wir* (im Unterschied zu anderen!) gottgefällig leben, gute Werke tun, ‚Gottes Vergebung' erlangen. Eine andere Sicht ergibt sich m.E. aus der Einladung, wie sie die Evangelien von Jesus berichten: einer Einladung zu reiner, wohlwollender, barmherziger, friedfertiger Herzenshaltung, die uns dann auch zu dem führt, was wir von ‚Gott' erhoffen.

9.2   „Gottesbilder"

Die stark veränderten Lebensbedingungen fördern in unserer Wahrnehmung auch eine veränderte Welt- und Lebenssicht. Verändern sich auch unsere erworbenen ‚Gottesbilder'. Vor Jahrzenten wurden die „sechs Grundwahrheiten" noch als Grundwissen katholischen Glaubens vermittelt. Eine davon hieß: „Gott ist ein gerechter Richter, der das Gute belohnt und das Böse bestraft". Insgesamt war der Grundstock religiöser Erziehung festgelegt. Unsere anerzogenen Vorstellungen von ‚Gott' oder von ‚Gottes Handeln' sind Abbilder unserer menschlichen Beziehungen; sie haben auch wesentlich mit der Sorge um unser Heil im Jenseits zu tun bzw. mit unserer Angst vor Gottes Gericht. ‚Gott' ist für viele von uns noch ein ‚Helfer-Gott' in unseren Bedürfnissen. Doch das alte Bild eines ,Gottes' über uns, der beschützt, belohnt, prüft, straft und für nicht verschuldetes Leiden entschädigt, überzeugt nicht mehr. Manchen von uns machen noch die archaischen biblischen Bilder von ,Gott' als Herr, Vater, Hirte, Schöpfer, Majestät, Richter etc. zu schaffen, selbst wenn wir diese Bezeichnungen als kulturbedingt zu verstehen versuchen.

In den hier vorgebrachten Äußerungen wird für eine zweifache spirituelle Grundorientierung geworben. Beide Dimensionen bauen auf allgemein menschlichen Orientierungen auf:

- Auf einem Bedürfnis nach absoluter und unbedingter Geborgenheit
- Auf einer Motivationsbasis für solidarisches Miteinander (s. Abschnitt 11)

Eine religiöse Erziehung mit dieser Ausrichtung achtet sehr darauf, den heranwachsenden Menschen zu eigener aktiver Suche zu animieren. Sie knüpft an der allgemein menschlichen Orientierung an. Damit beteiligt sie sich nicht an einem Positionskonflikt um theologische Wahrheiten und Morallehren, wobei sie allerdings deren Orientierungswert nicht ablehnt. Sie kann die Bemühungen innerhalb eines säkularen demokratischen Rechtsstaates für ein glückliches und gutes Zusammenleben aus ihrer spezifischen Motivation heraus unterstützen.

In der Konfrontation mit dem leidvollen Dasein stellen sich uns unweigerlich die Fragen nach den Verursachern von Leid. Mögen wir auch erkennen, dass unsere Leiden zu einem guten Teil die Folge menschlicher Gier und menschlichen Geltungsstrebens sind und dass wir ernten, was wir gesät haben. Doch wenn wir feststellen, dass das Unglück die Falschen trifft, dass die Chancen und Lasten des Lebens schreiend ungleich verteilt sind, dass es den Tätern gut geht, während sie ihre Opfer quälen, dass die einen sich abmühen, die Umwelt zu schonen, andere nur ihren Lebensgenuss suchen usw., so vermögen wir kaum einer inneren Forderung nach ‚ausgleichender Gerechtigkeit' zu widerstehen. Vermutlich spielt in vielen religiösen Vorstellungen die Erwartung nach einem göttlichen ausgleichenden Gericht eine nicht unwesentliche Rolle.

Ohne eine letzte Antwort auf diese Fragen werden wir auf unsere mögliche gemeinsame Zukunft verwiesen. Wir müssen einsehen, dass wir in allem Tun und Lassen nicht nur Opfer sondern auch Täter sind; dass wir unter Menschen leben, die so sind wie wir; dass wir es nicht (nur) uns selbst zu verdanken haben, was wir sind; und vor allem, dass wir mitverantwortlich dafür sind, Leiden zu mindern, uns selbst zu heilen und an einer heileren Welt zu arbeiten.

10 Beten

Wie bereits im Punkt „Religiös erziehen" so wird es auch hier zur Frage „Beten" nur um einige kritische Beobachtungen gehen. Schaut man christliche Gebetstexte an, so findet man darin ein mehrfaches Anliegen ausgedrückt:

- Beten um Gnade, Vergebung, Aufnahme in den Himmel (s. Beerdigungsgebete)
- Bitte um Hilfe in eigener Not und in Notlagen der Menschen
- Dank für Erfolg und Wohlergehen (Tischgebete etc.), für Gottes Wirken
- Lobpreis, Anbetung

Noch verbirgt sich in der christlichen Gebetspraxis u. a. die Vorstellung, etwas von ‚Gott' Gebotenes/Verpflichtendes zu tun, nicht nur ‚für Gott' Zeit zu haben. Bitten um Schutz, Vergebung, Gnade sind noch ein zentrales Gebetsanliegen. Die Gebete sind nicht selten so formuliert, als wollten wir ‚Gott' nach der Art weltlicher Herrscher huldigen, zufriedenstellen, für unseren Schutz und Hilfe und seine Vergebung gewinnen, für unsere Interessen vereinnahmen.

Unser Beten in vorformulierten Texten und in liturgischen oder gottesdienstlichen Andachten geschieht auf einer anderen Ebene als ein ‚Ruhen in Gott'. Ein solches setzt voraus, dass wir ohne Anstöße von außen in uns selbst ruhen, uns bewusst werden und ernst nehmen, dass ‚Gott‘ bedingungslose Liebe und Gegenwart ist. So können wir mit ihm unser Lebensgefühl und unseren Lebensweg, unsere Welterfahrung und unsere Mühe an der Welt besprechen; aus unserem Interesse und nicht weil ‚Gott‘ es von uns verlangt. *Wenn wir diese bedingungslose Liebe ernst nehmen, lassen wir los vom bloßen Denken an oder über ‚Gott‘,* so dass überhaupt erst Beten entstehen kann. Ihn als Liebe und gegenwärtig ernst zu nehmen lässt uns in ihm ruhen.

Aus den Texten der Evangelien können wir schließen, dass Jesus besonders das achtsame Gespräch in der Stille mit dem ‚Vater‘ im Himmel empfohlen hat, der bereits weiß, was wir benötigen (Mt 6,8; 9-13; Lk 11,2-4). Wie er uns zu beten empfiehlt, ist ganz konzentriert auf den Wunsch, dass das Reich Gottes kommen möge, sein Wille nach Gerechtigkeit und Liebe in uns angenommen werde in Solidarität, Vergebung und in der Absage an das EGO. Diese Anliegen sind uns aus dem „Vater unser" bekannt. Sie entsprechen ziemlich gut den in der „Bergpredigt" ausgesprochenen „Seligpreisungen" (Mt 5,1-12). Es legt nahe, dass wir (nur) auf dem Weg der hier beschriebenen Herzenshaltung beten können.

11 Eine spezifisch religiös/ spirituelle Motivation

Aus den vorangegangenen Erörterungen ergeben sich mehrere Fragen:

- Was ermöglicht „Glauben" neben dem wissenschaftlich überprüfbarem Wissen zur physischen und psychischen Situation des Menschen und den darin enthaltenen Möglichkeiten der Therapie?
- Was ermöglicht „Glauben", was die ethisch-sozialen Regeln einer demokratischen Gesellschaft in Ansätzen nicht bereits enthalten und weiterentwickeln werden? Bzw., kann Religion letztlich in bürgerlichen ethischen Regeln des Zusammenlebens aufgehen?
- Bedingt religiöser Glaube nicht immer ein Maß an emotionaler Ausbeutung indem es den Wunsch(/die Erwartung eines glücklichen Jenseits nährt und so den eigenen Widerstand gegen leidvolle Zustände und das Engagement für Veränderungen schwächt?
- Fördert religiöses Glauben nicht auch Unterwerfung durch Wohlverhalten, gute Werke, Erfüllen von Geboten/Beachten von Verboten, Annahme einer von oben legitimierten Führung?

Wir können bereits mit wenig Selbstkritik erkennen, dass unsere (kirchlich geführte)

73

Glaubenspraxis noch auf sehr menschlichen Bildern von und Erwartungen an ‚Gott' beruht. Wir können auch nicht belegen, dass christliche Gemeinden in unseren demokratischen Gesellschaften die Dynamik der Botschaft Jesu ausstrahlen, etwa so, wie sie von den urchristlichen Gemeinden erzählt wird (Apg 4,32)[27]. Wie kam der begeisterte Aufbruch nach Jesu Tod zustande? War es nicht die aufkommende Erkenntnis, dass der Tod und seine Mission (Lk 4,16-19)[28] nicht gescheitert waren, dass die Propheten mit ihren Prophezeiungen recht behalten mussten (LK 24, 13-27)[29]. Die Reden von Jesus hatten immer wieder zum Thema, dass der Weg der Hingabe zum Leben führt, dass wir auf diesem Wege die Grenzen

---

[27] „All die vielen Menschen, die zum Glauben an Jesus gefunden hatten, waren ein Herz und eine Seele. Niemand von ihnen betrachtete etwas von seinem Besitz als persönliches Eigentum; alles was sie besaßen, gehörte ihnen gemeinsam"

[28] „…der Synagogenvorsteher reichte ihm (Jesus) die Buchrolle mit den Worten des Propheten Jesaja. ….in der es heißt: ‚Der Geist des Herrn hat von mir Besitz ergriffen…..er hat mich gesandt, den Armen gute Nachricht zu bringen, den Gefangenen zu verkünden, dass sie frei sein sollen und den Blinden, dass sie sehen werden. Den Misshandelten soll ich die Freiheit bringen und das Jahr ausrufen, in dem der Herr sich seinem Volk gnädig zuwendet" (Lk 4,16-19)

[29] „Da sagte Jesus zu ihnen: ….Warum rafft ihr euch nicht endlich auf zu glauben, was die Propheten gesagt haben?.Musste der versprochene Retter nicht dies alles erleiden….."

74

zwischen uns Menschen überwinden. War es nicht dieser Weg, den Jesus empfahl: Geborgenheit im „Vater" auf dem Wege einer Herzenshaltung von Solidarität (Mt 5, 9-13) und hieraus die Freiheit und Kraft zur Hingabe? M.E. liegt in dieser zweifachen Dimension die spezifisch christliche Motivation und ein spezifisch christlicher Beitrag:

- zu vertrauen in die bedingungslose absolute Geborgenheit im Lebensgrund auf dem Wege einer Herzenshaltung, so wie wir auch erwarten dürfen, dass Gott an uns handelt.
- Aus dieser Haltung/in diesem Vertrauen frei zu werden, selbst heil zu werden vom EGO und wohlwollend solidarisch zu handeln aus innerer Notwendigkeit und nicht aus Sorge um unser Seelenheil.

Das ist kein Schmusekurs mit einer „Lieber-Gott-Vorstellung". Ein Glaube an diese bedingungslose Liebe, in absolute Geborgenheit, geschieht auf dem Wege der Herzenshaltung. Sie ist das Eintrittstor – und dieses Vertrauen ist wiederum Grundlage für ein solidarisches Miteinander. Dieser spirituelle Ansatz kann auch der Kritik standhalten, es handle sich hier nur um einen rein neurobiologischen Vorgang und eine spirituell-religiöse Motivation entspringe einer rein emotionalen Fiktion.

M.E. steckt christliche Glaubenspraxis (neben großen Unterschieden innerhalb und zwischen den Konfessionen und je nach kulturellen Kontexten) noch stark in einer Pflichtmentalität (religiöse Pflichten zu erfüllen, nach den Geboten zu leben, ‚Gott' die Ehre zu geben). Religion als Gemeinsamkeit in Überzeugungen, Regeln, Riten und Führungsstrukturen, wenngleich sozial notwendig, kann aber aus befreiter Spiritualität einen nachrangigen Stellenwert erhalten.

Christliche Motivation kann die bürgerlichen ethischen Bemühungen für ein solidarisches Miteinander ‚beseelen', sie bejahen, bestärken und aus der Quelle christlichen Vertrauens interpretieren.

Die aktuelle globale kulturelle Öffnung und der Umgang mit Menschen anderer Religionen und Weltanschauungen, - darunter solchen, die deutlich fundamentale Glaubenshaltungen vertreten - , macht deutlich, wie wichtig es ist, dass wir selbst wissen, wo wir stehen und dass wir unsere spezifische spirituelle Lebens- und Weltsicht in den Dialog bringen können.

Mit einer spirituell offenen christlichen Identität könnten wir ein neues Verhältnis zu Religionsstrukturen finden. Wir würden uns auf einer religionsoffenen Plattform bewegen, auf der nicht Wahrheiten, Moralgebäude und Führungskompetenzen unvereinbare Positionen schaffen, indem sie mit Absolutheitsanspruch ‚von oben' vertreten werden.

In unserer Zeit mit enormen technischen Errungenschaften wird die Priorität des Beweis- und Überprüfbaren besonders stark gegenüber religiös-spirituellen Erwartungen, Hoffnungen und bezeugten Erfahrungen betont. Eine positive Wirkung davon ist, dass wir gar manche religiösen Versprechungen, Gottesbilder und ‚gottgegebene' Verordnungen als menschlich kulturelle Produkte entzaubern[30] und dass es uns drängt, uns auf den Kern unserer religiös-spirituellen Motivation zu besinnen. M.E. können wir uns dafür auf zwei Dimensionen allgemein menschlicher Erfahrungen stützen, die dann aus religiös-spiritueller Sicht interpretiert und in eigenen Erfahrungen bezeugt werden.

Hierzu zählt zunächst das grundlegende menschliche Verlangen nach Geborgenheit und Anerkennung. Die religiös-spirituelle Ebene knüpft hier an und interpretiert es in Richtung des Vertrauens in eine absolute unbedingte Geborgenheit im Lebensgrund, ohne dass dies mit festen Vorstellungen von einem ‚Gott' oder einem ‚Jenseits' verbunden wird. Der zweite grundlegende menschliche Anknüpfungspunkt ist „das moralische Gesetzt in uns" (wie bereits

---

[30] Großbölting Th., S. 257ff

ausgeführt). Auch diese Anlage erfährt eine spezifische religiös-spirituelle Interpretation. Das Vertrauen in die absolute unbedingte Geborgenheit im Lebensgrund bleibt dabei kein egoistischer Akt des Trostes, des Verdienstes oder der eigenen Leistung, sondern ereignet sich in einer Herzenshaltung der Lösung vom EGO, der Hingabe, des Eins-werden-wollen. Vertrauen in die absolute Geborgenheit erschließt sich auf dem Wege dieser Herzenshaltung und diese wiederum bezieht ihre Richtung und Dynamik aus dem Vertrauen.

Es sind Aspekte, die auf zwei große Herausforderungen unserer Zeit antworten: Probleme der Unsicherheit und des solidarischen Miteinanders in einer ‚globalisierenden Welt'. Es sind Aspekte, die auf der harten Ebene menschlicher Erfahrungen ansetzen, eine Interpretation anbieten, deren Realitätswert in eigenen Erfahrungen überprüfbar ist. Es sind Aspekte, die sich auf allgemein menschliche Erfahrungen und nicht auf geglaubte theologische und moralische Positionen und damit religiö Trennendes beziehen.

In säkularisierten demokratischen Gesellschaften mit gelockerten sozialen Bindungen, mit einer breiten Zugänglichkeit von Forschungswissen , mit Freiheit der Meinungen und der Lebensführung müssen die Herausforderungen und die damit verbundenen Unsicherheiten in der Welt- und in der eigenen Lebenssicht persönlich bewältigt werden. In dieser Situation ist es besonders hilfreich, einfache Orientierungslinien anwenden zu können. Dies scheint beispielsweise in den fundamentalen religiösen Verpflichtungen im muslimischen Glaubens besonders attraktiv zu sein. In den vorliegenden Ausführungen wurden zwei Grundlinien einer christlichen Motivation aufgezeigt. Eine spirituell offene Lebensorientierung kann an menschlichen Bedürfnissen anknüpfen und religiöse Interpretationen zur weiteren Orientierung nutzen. Auf dieser Ebene ist ein echter Dialog mit den naturwissenschaftlichen Erkenntnissen möglich, der gegenüber festgelegten Glaubensinhalten an Grenzen stoßt.

Zeitfracht Medien GmbH
Ferdinand-Jühlke-Straße 7
99095 Erfurt, Deutschland
produktsicherheit@kolibri360.de